small

letters

d d d d d d

d d d d d d

d d d d d d d d

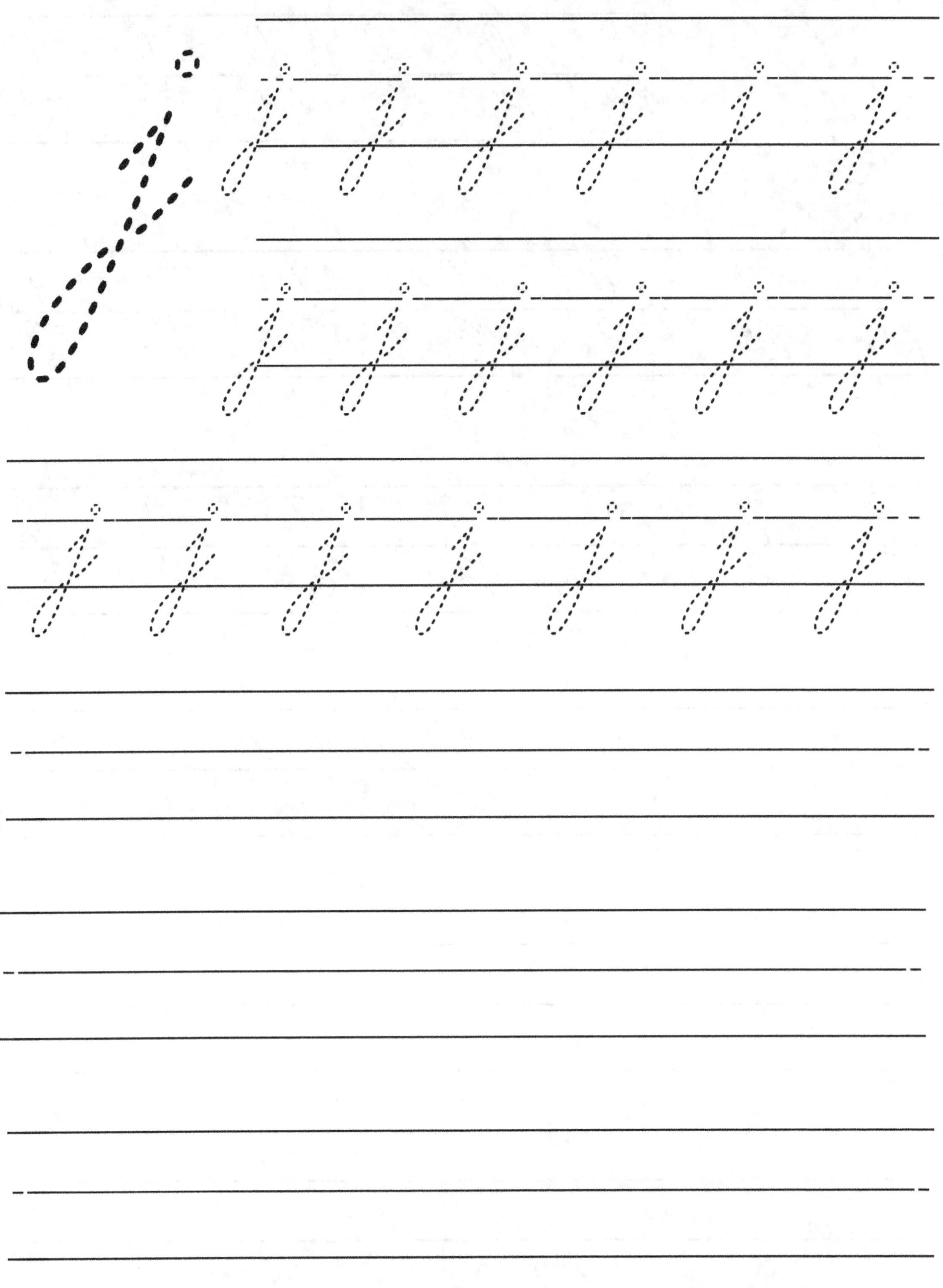

m m m m m m

m m m m m m

m m m m m m

n

n n n n n

n n n n n

n n n n n n

p p p p p p p

p p p p p p

p p p p p p p

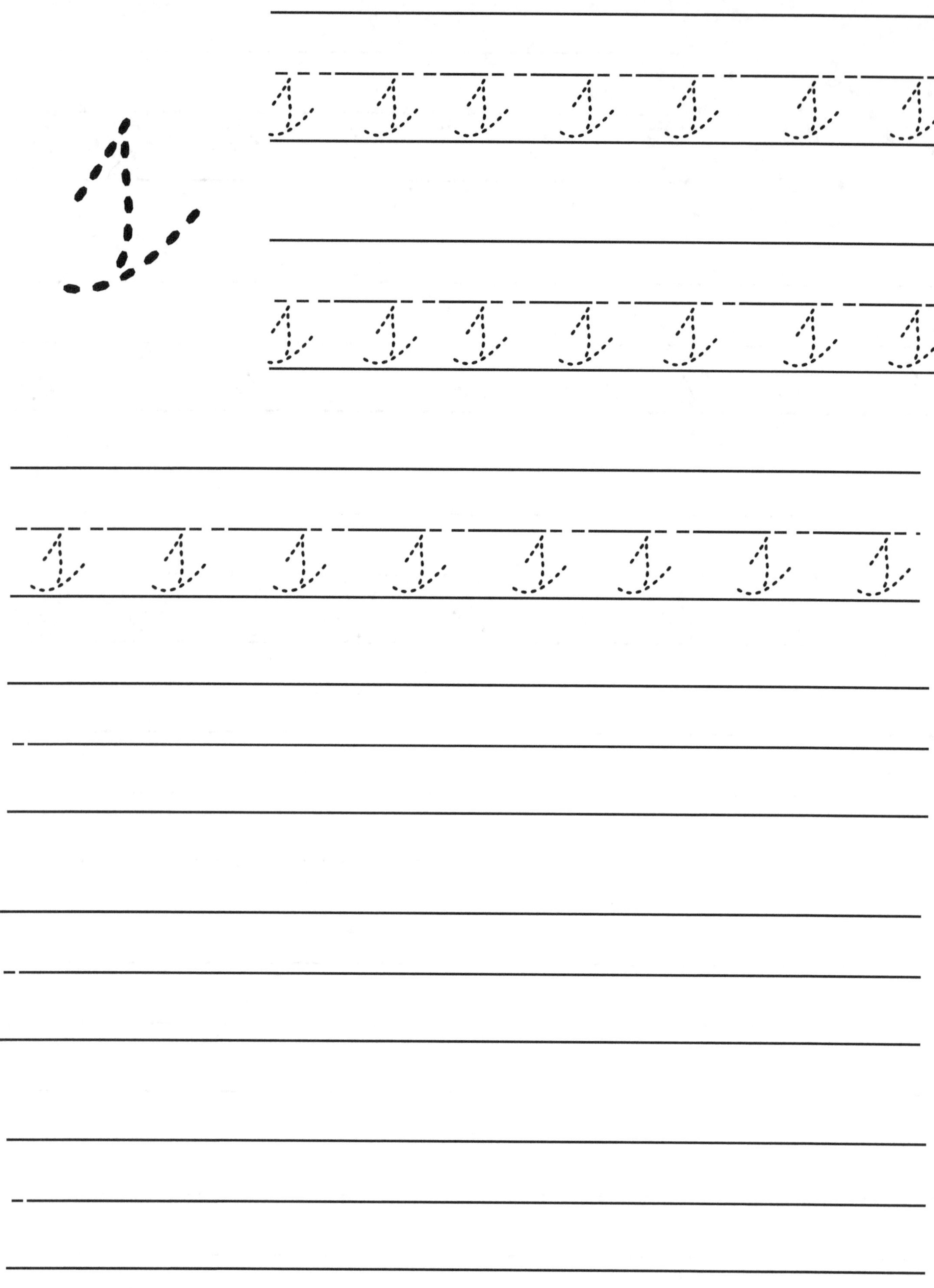

u

u u u u u u

u u u u u u

u u u u u u u

u u u u u u u

u u u u u u u u

u u u u u u u u

u

CAPTIAL

LETTER

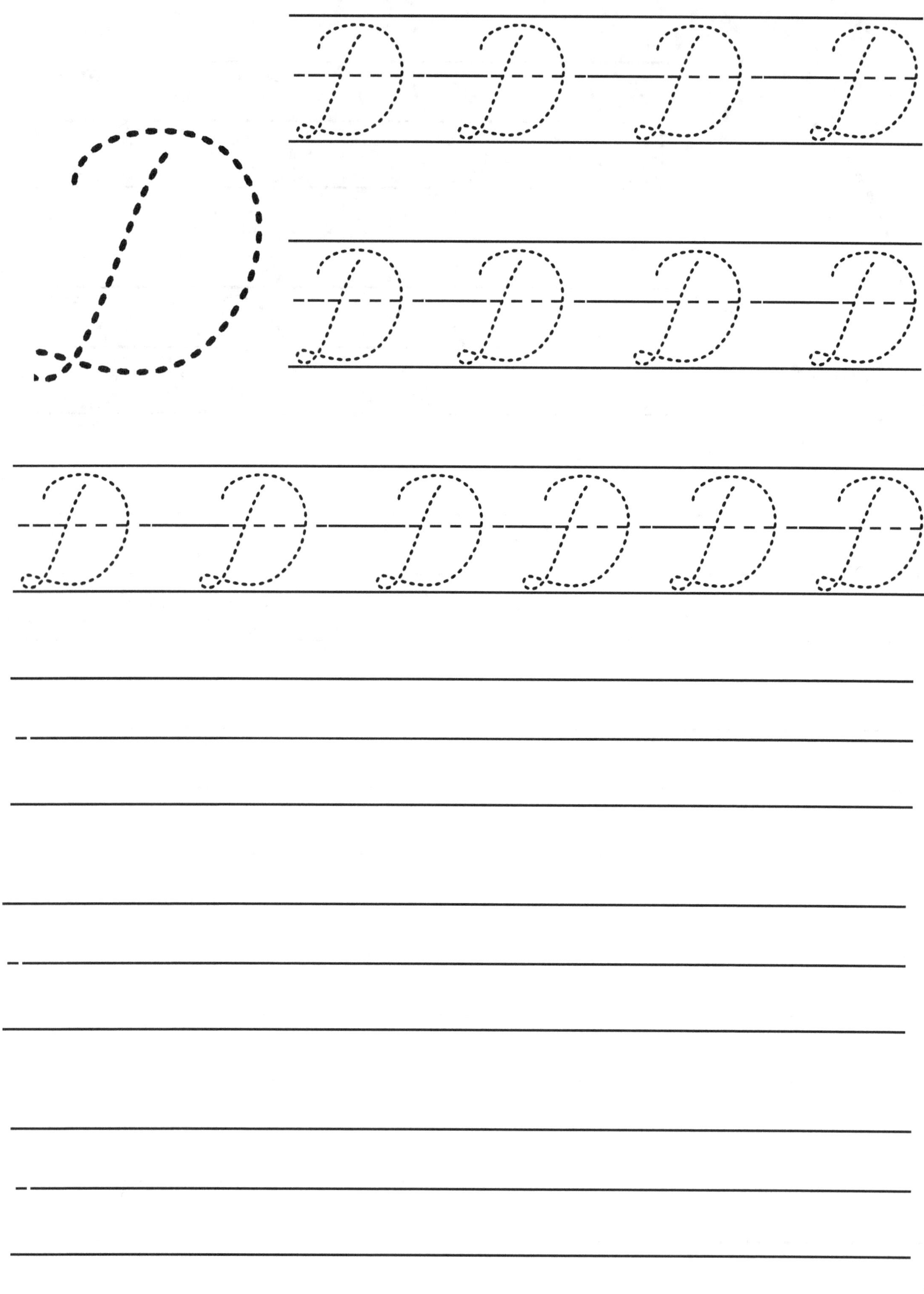

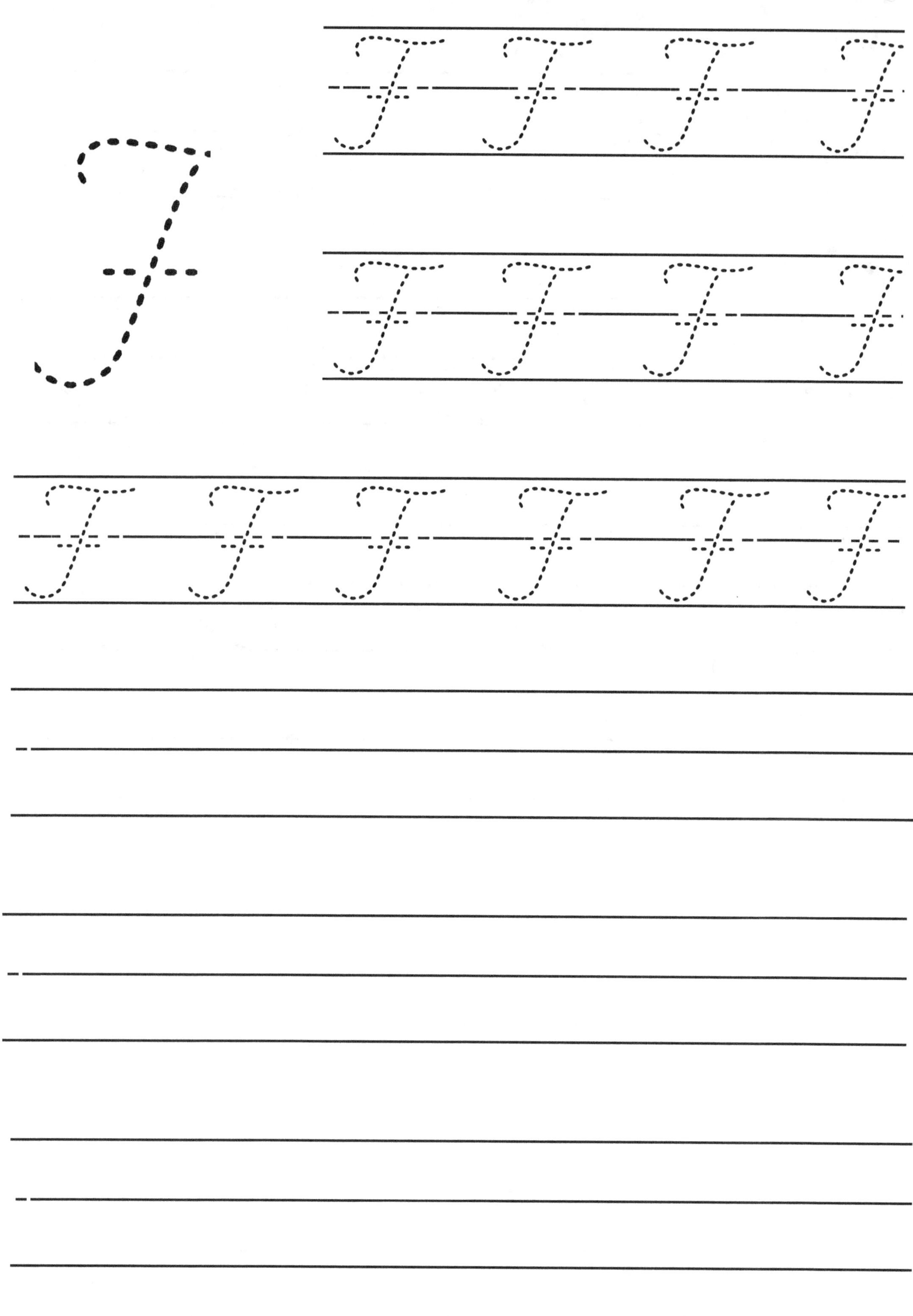

H H H H H H

H H H H H H

H H H H H H H H

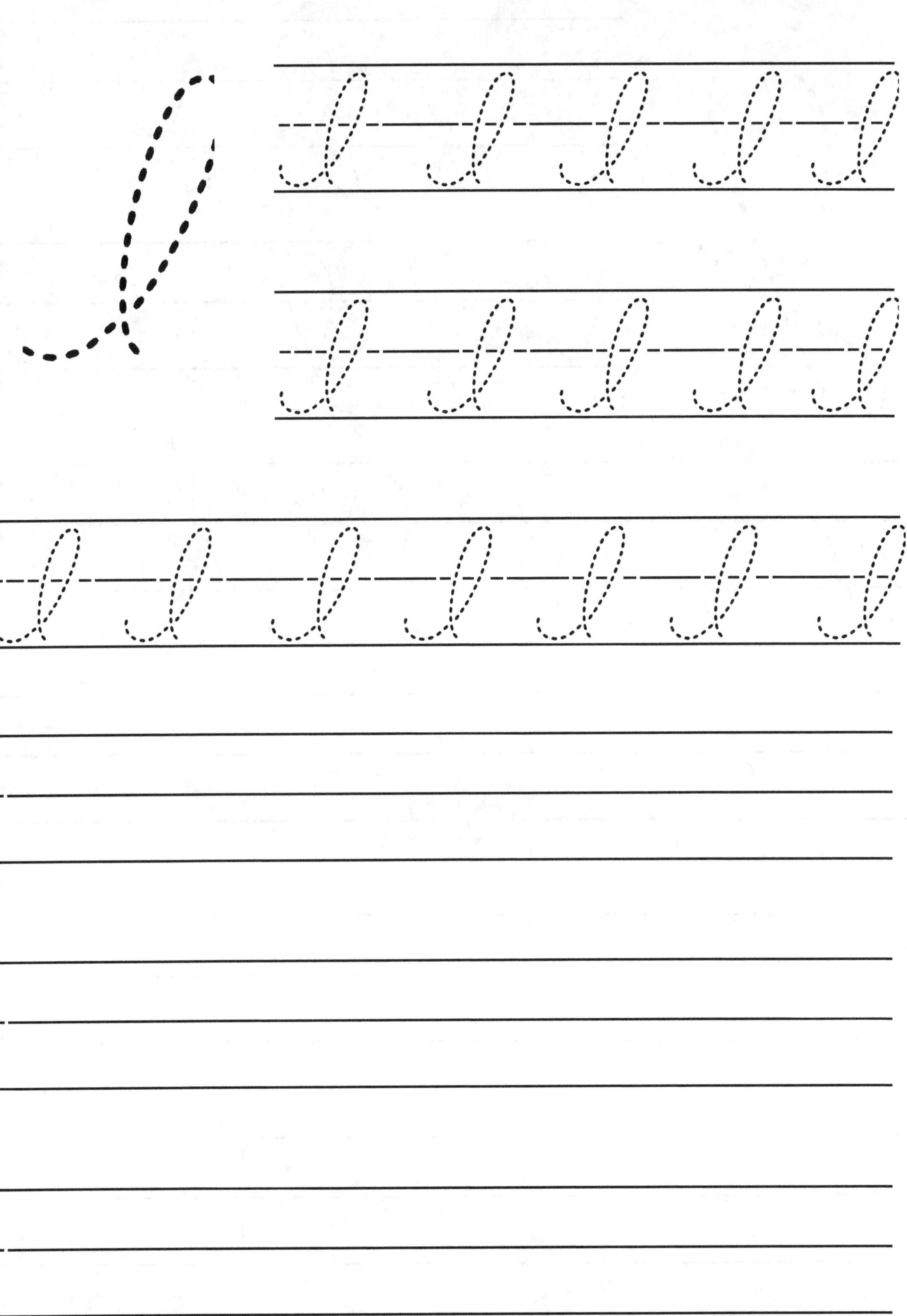

K

K K K K

K K K K

K K K K K K

m m m m m

m m m m m

m m m m m

n

p p p p

p p p p

p p p p p p

R

R R R R

R R R R

R R R R R

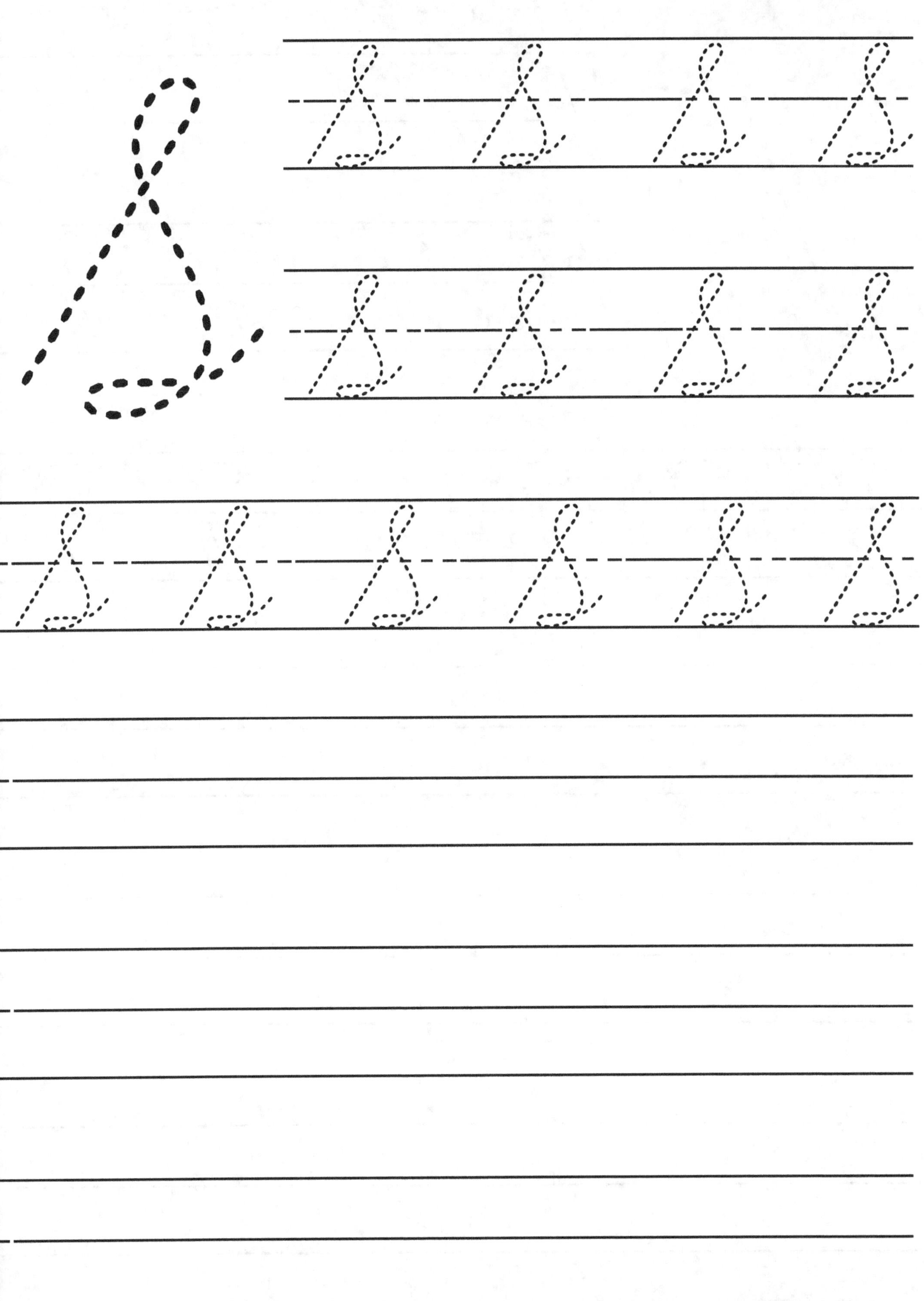

7

u *u* *u* *u* *u*

u *u* *u* *u* *u*

u *u* *u* *u* *u* *u*

v v v v

v v v v

v v v v v v

u u u u

u u u

u u u u u

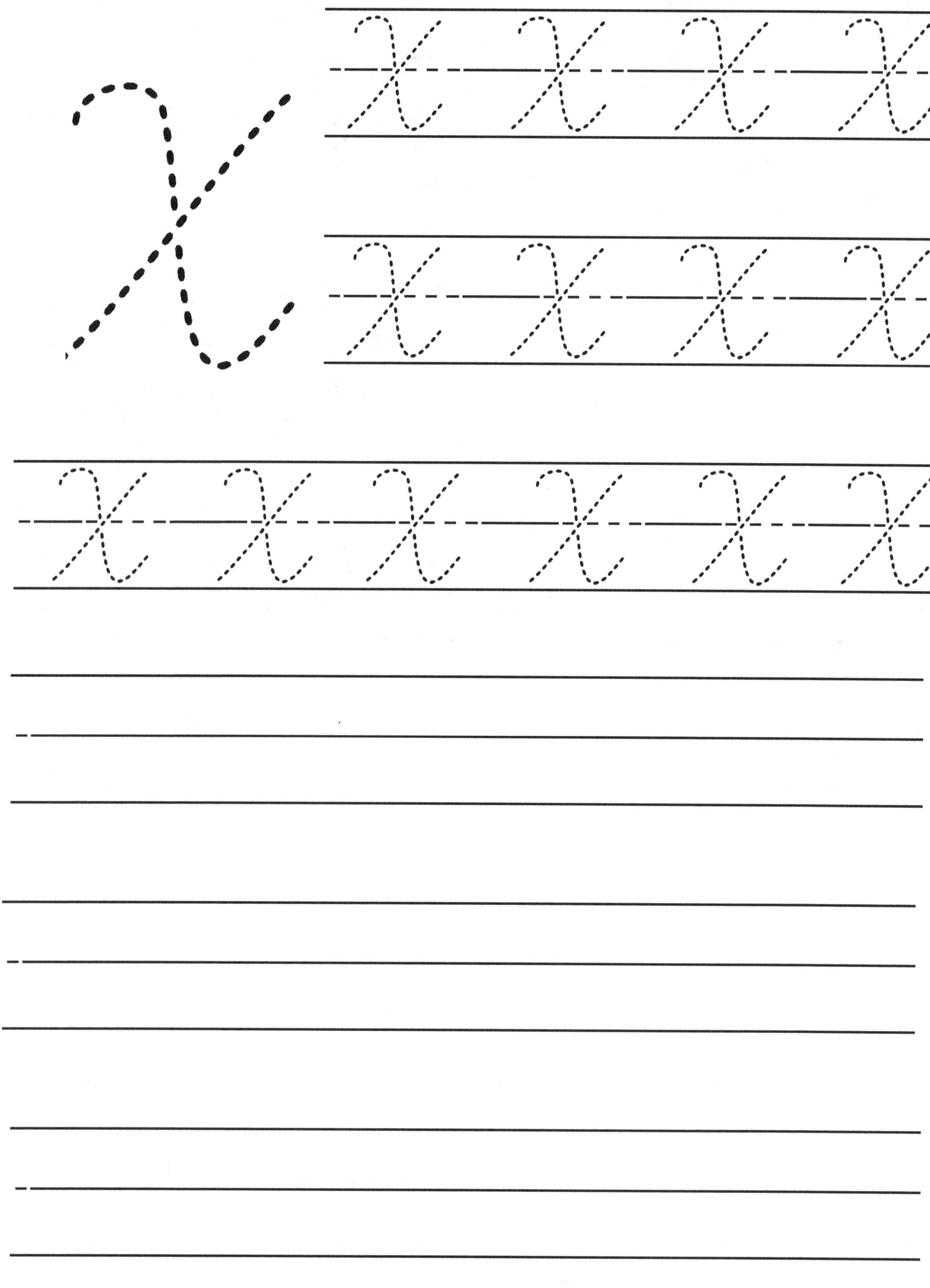

Sentence

a penny saved is penny
saved

The truth is the strongest
argument

Little drop of water

make the might ocean

Make a friend when
you don't need one

Keep your friendship in
repair

Make each day your
masterpiece

Learning never
exhausts the mind

Honesty is the best
policy

Egypt is a land of
mystery

Pyramids are the tombs

of the ancient kings

Palm trees wave in the breeze

Gold sparkles in the
sun

Mother loves her
little boy

Violin make sweet
sounding music

A long trip begin with
a single step

To have a good friend

be a good friend

Mistakes are proof that
you are trying

Real friends treat you
like family

Do small things with
great love

Practice makes a man perfect

Blank pages

www.ingramcontent.com/pod-product-compliance
Lightning Source LLC
Chambersburg PA
CBHW081416250726
48654CB00013B/1725